CATALOGUE

DE

TABLEAUX ANCIENS

DES ÉCOLES FLAMANDE ET HOLLANDAISE,

COMPOSANT LA GALERIE DE FEU

M. AUGUSTE STEVENS, amateur,

Chevalier de l'ordre d'Isabelle la Catholique.

VENTE AUX ENCHÈRES PUBLIQUES

A PARIS,

HÔTEL DES COMMISSAIRES-PRISEURS, RUE DROUOT, N° 5,

SALLE N° 8,

Mercredi 1er et Jeudi 2 Mai 1867, à 2 1/2 heures précises.

EXPOSITION PARTICULIERE :
Lundi 29 Avril, de une à cinq heures.

EXPOSITION PUBLIQUE :
Mardi 30 Avril, de une à cinq heures.

COMMISSAIRE-PRISEUR :
Me Charles PILLET,
11, RUE CHOISEUL.

EXPERTS, MM. :
Étienne LE ROY, commissaire-expert du Musée Royal de Bruxelles.
HÔTEL D'ORIENT,
48, RUE NEUVE SAINT-AUGUSTIN.
FEBVRE, expert, rue Laffitte, 12.

Chez lesquels se distribue le présent Catalogue.

Bruxelles. — Impr. et lith. de E. Guyot, rue de Pachéco, 12.

CATALOGUE

DE

TABLEAUX ANCIENS

DES ÉCOLES FLAMANDE ET HOLLANDAISE,

COMPOSANT LA GALERIE DE FEU

M. AUGUSTE STEVENS, AMATEUR,

Chevalier de l'ordre d'Isabelle la Catholique.

CONDITIONS DE LA VENTE.

Elle sera faite au comptant.

Les acquéreurs payeront, en sus des adjudications, cinq pour cent, applicables aux frais.

La hauteur et la largeur sont indiquées, à la suite de la description de chaque tableau, en mètres et en centimètres.

Bruxelles. — Impr. et lith. de E. Guyot, rue de Pachéco, 12.

CATALOGUE

DE

TABLEAUX ANCIENS

DES ÉCOLES FLAMANDE ET HOLLANDAISE,

COMPOSANT LA GALERIE DE FEU

M. AUGUSTE STEVENS, amateur,

Chevalier de l'ordre d'Isabelle la Catholique.

VENTE AUX ENCHÈRES PUBLIQUES

A PARIS,

HÔTEL DES COMMISSAIRES-PRISEURS, RUE DROUOT, N° 5,

SALLE N° 8,

Mercredi 1er et Jeudi 2 Mai 1867, à 2 1/2 heures précises.

EXPOSITION PARTICULIERE :
Lundi 29 Avril, de une à cinq heures.

EXPOSITION PUBLIQUE :
Mardi 30 Avril, de une à cinq heures.

COMMISSAIRE-PRISEUR :
Me Charles PILLET,
11, RUE CHOISEUL.

EXPERTS, MM. :
Étienne LE ROY, commissaire-expert du Musée Royal de Bruxelles.
HÔTEL D'ORIENT,
18, RUE NEUVE SAINT-AUGUSTIN.
FEBVRE, expert, rue Laffitte, 12.

Chez lesquels se distribue le présent Catalogue.

CE CATALOGUE SE DISTRIBUE :

A PARIS, chez Mme Ve **Stevens**, rue de Luxembourg, 42.
— MM. **Pillet**, Commissaire-Priseur, rue de Choiseul, 11.
— » **Febvre**, expert, rue Laffitte, 12.
— » **Étienne Le Roy**, Hôtel d'Orient, rue Neuve Saint-Augustin, 48.
A LILLE, » **Hourez**, marchand de tableaux.
A MONTPELLIER, » **Roger**, marchand d'objets d'art.
A LYON, » **Hoeth**, marchand d'estampes, rue Romarin, 9.
A MARSEILLE, » **Valli**, marchand de tableaux, rue Paradis, 24.
A ROUEN, » **Billard**, marchand de curiosités.
A BRUXELLES, » **Étienne Le Roy**, place du Grand Sablon, 33.
A ANVERS, » **Tessaro**, marchand d'estampes.
A LIÉGE, » **Bodson**, antiquaire.
A BRUGES, » **Bogaerts**, imp.-libraire, rue Philipstok.
A GAND, » **Duquesne**, libraire, rue des Champs, 81.
A LONDRES, » **Colnaghi**, marchand d'estampes, Pall Mall East, 14.
A AMSTERDAM, » **Roos**, hôtel de Brakke grond.
A LA HAYE, » **Goupil et Cr**, Plaats, 14.
A ROTTERDAM, » **A. Lamme**, artiste-peintre, Hoogstraat.
A COLOGNE, » **Héberlé**, marchand d'antiquités.
A BONN, » **Van der Kolk et Weber**, march. d'estamp.
A MUNICH, » **Brulliot**, conservateur du Musée.
A VIENNE, » **Artaria** et Compagnie.
A DRESDE, » **Arnold**, marchand d'estampes.
A BERLIN, » **Lepke**, unter der Linden.
A LEIPZIG, » **Brockhaus** et Compagnie.
A FRANCFORT, » **Jugell**, libraire.
A HAMBOURG, » **Commeter**, marchand d'estampes.
A MANNHEIM, » **Artaria** et **Fontaine**.
A St-PÉTERSBOURG » **Von Regmorter**.
A ROME, » **Durantini**, peintre.
A FLORENCE, » **Riccieri**.
A GÊNES, » **Isola**, peintre.
A MILAN, » **Vallardi**.
A TURIN, » **Bucheron**, peintre.
A VENISE, » **Sanquirico**.
A GENÈVE, » **Managa frères**, marchands d'objets d'art.
A BERNE, » **Burgdorfer**, marchand d'estampes.
A BALE, » **Schruber et Walz**, march. d'objets d'art.

AVANT-PROPOS.

Pour bien expliquer comment s'est formée la remarquable collection de tableaux décrits dans ce catalogue, il faudrait que notre avant-propos reproduisît, durant un laps de vingt-cinq années consécutives, les soins, les voyages, les sacrifices par lesquels feu Monsieur Stevens était parvenu à réunir autour de lui tant d'œuvres de différentes époques en satisfaisant son goût, disons mieux, sa passion pour les arts.

Précisément, les ressources d'une belle fortune le secondaient dans ses recherches et dans ses voyages, presque tous consacrés à la réalisation, au développement de la plus noble jouissance que puisse goûter un homme éclairé, en se donnant une double fête qui charme les regards et s'adresse à la pensée.

Il est inutile d'ajouter que la plupart des compositions qui figurent dans ce catalogue appartiennent aux Écoles de peinture du nord de l'Europe. Leur acquisition a été le fruit, le résultat de diverses explorations entreprises par M. Stevens lui-même, recueillant tour à tour en Angleterre, en Belgique et en Hollande, les divers éléments de cette collection, presque généralement inconnue à Paris, quoique l'heureux possesseur de ces tableaux y résidât. Mais, à part quelques toiles achetées en France, la plupart proviennent de l'étranger.

C'est donc une surprise ménagée aux nombreux amis des arts qui habitent Paris, ou qui s'empressent d'y accourir toutes les fois qu'a lieu une vente publique de grandes et belles œuvres de peinture.

Dans ces circonstances, le monde artistique se ressent de l'influence privilégiée qu'exerce la capitale de l'empire français, la moderne Athènes où toutes les grandes Écoles réellement dignes de ce titre, et les vraies, les durables gloires de ces Écoles reçoivent en quelque sorte des lettres de naturalisation.

C'est le succès sur lequel nous comptons pour la collection formée par M. Stevens, au prix de sacrifices qui avaient leur large compensation, pendant sa vie, par le foyer de jouissances intimes, de nobles émotions, dont il avait su s'entourer.

Le décès de M. Stevens met ses héritiers dans la nécessité de vendre la collection qu'il avait réunie, et qui se compose de nombreux tableaux appartenant aux anciennes Écoles italienne, flamande, hollandaise et française.

Seulement nous commençons par une première série de toiles flamandes et hollandaises, décrites dans ce catalogue, et qui sera mise en vente à Paris à la salle des Commissaires-Priseurs, rue Drouot. Quant aux nombreuses productions des écoles italienne et allemande des XVe, XVIe et XVIIe siècles, réunies dans sa galerie, à Pierrefitte, elles seront l'objet d'un catalogue et d'une vente ultérieurs.

Nous avons dit plus haut que nous comptions sur l'empressement et le concours de tous les amateurs éclairés des arts.

Il suffit, effectivement, de rappeler quelques-uns des principaux tableaux qui figurent dans notre catalogue, pour que les lecteurs partagent notre conviction.

Voici d'abord, en tête par ordre alphabétique, une magnifique *Marine* de Backhuysen, nous devrions dire : un des chefs-d'œuvre de ce maître. Cette marine a été l'un des plus beaux ornements de la célèbre galerie du cardinal Fesch, l'oncle de l'empereur Napoléon Ier.

Nous indiquerons ensuite *un Paysage,* site d'Italie, par Nicolas Berchem, composition remplie de finesse.

Voici un *portrait* dans lequel Gérard Dov s'est représenté, en nous donnant mieux que sa ressemblance saisissante, c'est-à-dire sa physionomie morale, en peignant son âme et son caractère.

Un *Pâturage avec animaux,* œuvre importante d'Albert Cuyp, mérite une attention particulière ; elle a fait successivement partie de plusieurs collections célèbres et en dernier lieu de celle de M. le comte de Morny.

Signalons deux compositions de Van der Heyden : *Une entrée de ville* et la *Chasse au cerf,* où se retrouvent toute la finesse et l'habileté de son pinceau.

Que dire de ce splendide *Bouquet de fleurs* où Van Huysum s'est surpassé lui-même ?

Un *Effet de soleil couchant,* de Aart Van der Neer, rivalise avec tout ce que ce maître a créé de plus parfait.

Au nombre des tableaux de Jacques Ruisdael qui enrichissent la collection de M. Stevens, nous devons une mention spéciale au n° 37, vrai bijou de conception et d'exécution, qui, dans une dimension restreinte, réunit toutes les éminentes qualités de ce grand artiste.

Ici nous ferons remarquer une des meilleures productions de Rachel Ruysch, un *Bouquet de fleurs,* dans la reproduction duquel cette femme justement célèbre rend l'art le rival et le vainqueur de la nature, par la durée qu'elle donne à des créations fugitives, comme ces fleurs qui ne durent qu'un jour.

Rembrandt se trouve représenté dans cette collection par un portrait de jeune femme, toile magistrale, exécutée dans sa première manière, et qui dénote déjà toute la puissance de son talent.

Parmi les tableaux de genre, citons : Une *Scène d'intérieur*, par Pieter de Hoogh, toile capitale de ce maître, et un tableau de Gabriel Metsu, *Le peseur d'or*, œuvre qui fut religieusement conservée pendant près de deux siècles par la famille Daniel Hooft, d'Amsterdam.

Des œuvres de Terburg, Weenix et David Teniers, mériteraient encore une mention toute spéciale, mais à quoi bon décrire péniblement, par des phrases et des mots ajustés à la suite les uns des autres, ce que le regard des personnes éclairées, des gens de goût saisira et analysera bien mieux dans l'ensemble et les détails !

Nous croyons inutile de signaler plusieurs autres tableaux ayant fait partie de collections célèbres, et pour lesquels nous nous sommes borné à donner les descriptions d'après celles des catalogues de vente de ces collections.

ÉTIENNE LE ROY.

DÉSIGNATION DES TABLEAUX.

1. BACKHUYSEN (Ludolf).

Né à Emden en 1631. — Mort à Amsterdam en 1709.
Élève d'Allard Van Everdingen.

MARINE.

Cette splendide production provient de la riche galerie du cardinal Fesch, où elle est décrite, au catalogue (deuxième partie) de la manière suivante :

« Un vent frais qui émeut doucement les flots et pousse
» les nuages dans l'atmosphère, semble favoriser le départ de
» deux navires marchands qui sont en rade à une distance
» assez éloignée du port. Le plus rapproché des deux a déjà
» déployé ses voiles, l'autre n'a encore mis dehors qu'une
» partie des siennes.

» Une barque portant des passagers aborde le premier ;
» une autre à voiles tannées s'en éloigne, après y avoir dé-
» posé, sans doute, ses marchandises. Plus en avant, on
» admire une barque marchande où se trouvent aussi quel-
» ques passagers et un homme qui sonne de la trompette :
» est-ce un salut ou le signal du départ? peu importe... Dans
» un batelet qui suit cette barque, on voit deux hommes qui
» transportent des marchandises. Sur l'un des ballots, Back-
» huysen a placé son monogramme, et la date 1667. Encore
» plus en avant, un autre plus grand bateau s'apprête à hisser

» sa voile ; enfin six autres petites embarcations et deux na-
» vires cinglent dans des directions diverses.

» Sans nul effort pour ajouter à l'illusion, on se croit ici
» transporté en pleine mer : On voit des vaisseaux voguer à
» pleines voiles, on mesure de l'œil la distance qui les sépare
» ou qu'ils vont parcourir. Ce qui frappe ensuite, c'est le ciel
» avec son brillant coloris, avec la belle forme qu'affectent
» les nuages dont il est semé, et qui semblent se dérouler
» sous le regard. Puis, ces eaux transparentes jusque dans
» l'ombre, puis enfin l'exactitude minutieuse que l'artiste a
» mise dans le dessin des moindres agrès de ces navires sur
» lesquels on croit voir manœuvrer les matelots. Admirables
» détails, d'un fini inconcevable que révèle encore la touche la
» plus facile, la plus agréable, la plus moelleuse qui se puisse
» imaginer.

» Lorsque Backhuysen peignit ce tableau, en 1667, il était
» dans toute la vigueur de l'âge et du talent. C'est, sans con-
» tredit, un de ses ouvrages les plus parfaits, une de ses
» œuvres qui captivent tous les suffrages. »

Hauteur 1 mètre 9 cent. Largeur 1 mètre 65 cent. Toile.

Vente de la galerie du cardinal Fesch, Rome 1844, où ce tableau fut adjugé au prix de 23,650 francs, puis vendu à M. Napier, de Londres.

---

2. BERCHEM (Nicolas).

Né à Harlem en 1623. — Mort à Amsterdam en 1683.
Élève de Pieter Claasze Berchem, de Jan Van Goien, de Nicolaas Moijaart, de Pieter-Franzs De Grebber, de Jan Wils et de Baptiste Weenix.

PAYSAGE. — SITE D'ITALIE.

Au premier plan, à droite, sur le bord d'un chemin, une jeune bergère, tournant le dos aux spectateurs, et portant une brebis sous le bras droit, cause avec une femme, arrêtée devant la bergère, à laquelle, par le mouvement de ses bras étendus, elle semble demander la direction à suivre.

La première a les épaules nues, et ses reins sont couverts d'une draperie bleue et d'un linge blanc, à la manière des femmes du midi de l'Italie.

Auprès de la bergère, on voit un âne avec deux paniers contenant des brebis.

Derrière l'âne, se trouvent des moutons et un bœuf à robe brune. A gauche, un pâtre joue de la flûte et garde son troupeau de bêtes ovines ainsi qu'une vache brune à longues cornes qui se dirige vers la partie droite.

Le soleil dore de rayons lumineux l'avant-plan de la composition et les personnages qui l'animent.

Signé sur le terrain à gauche : *N. Berghem*, 1644.

Hauteur 40 cent. Largeur 51 cent. Bois.

---

3. BREDA (Jean Van).

Né à Anvers, le 19 mars 1683. — Mort dans la même ville, le 19 février 1750.

SCÈNE DE LA VIE MILITAIRE EN CAMPAGNE.

Près de la cantine d'un camp, dont les tentes s'élèvent dans le fond du tableau, différentes personnes se rassemblent, un trompette monté sur un cheval blanc sonne le boute-selle.

Au centre, un chef ceint d'une écharpe rouge, en casaque de buffle et avec des culottes de velours, contient fortement par la bride son cheval, qui se cabre à l'appel bruyant de la trompette.

Devant cet officier, se trouve une dame sur un cheval brun.

A gauche, un cavalier, monté sur un cheval à robe brune et un autre personnage plaisantent avec une fille d'auberge qui leur apporte des rafraîchissements, tandis qu'un fantassin cherche à embrasser une autre servante.

Plusieurs figures dans diverses attitudes, parfaitement traitées, ajoutent au mouvement, à l'animation de ce tableau, qui rappelle tout à fait la manière de Philippe Wouwerman.

Hauteur 35 cent. Largeur 40 cent. Toile.

---

4. BROUWER (Adrien).

Né à Harlem en 1608. — Mort à Anvers en 1640.
Élève de Frans Hals.

UN TÊTE-A-TÊTE.

Assis près d'un guéridon à pied sculpté où se trouve un broc et des verres, un jeune homme joue de la guitare.

Il est coiffé d'un bonnet rouge, et sa veste, de même couleur, est en partie recouverte par un large manteau. Son pied gauche repose sur un escabeau.

Auprès de lui, à sa droite, une jeune femme écoute avec attention les accords de la guitare.

Le jour, intercepté à la partie inférieure de la fenêtre par les volets qui sont fermés, éclaire une partie de la composition en laissant le reste du tableau dans la demi-teinte.

Sur le parquet, un rafraîchissoir avec une bouteille. Dans le fond, une porte entr'ouverte.

Hauteur 30 cent. Largeur 24 cent. Cuivre.

---

5. CROOS (M.).

Imitateur de Ruisdael.

SITE CHAMPÊTRE ANIMÉ PAR UNE RIVIÈRE.

Un cours d'eau, qui disparaît dans le fond derrière un pont, sépare cette composition en deux parties bien distinctes.

A droite, sur la berge, des pêcheurs armés d'une ligne se livrent à leur délassement favori ; plus loin, des saules et des arbres de haute futaie.

A gauche, un village entouré d'arbres ; un clocher domine les habitations.

Signé à droite : *M. Croos,* 1654.

Hauteur 26 cent. Largeur 44 cent. Bois.

---

6. CUYP (ALBERT).

Né à Dordrecht en 1605. — Mort dans la même ville en 1683.
Élève de son père Jacob-Gerritze Cuyp.

PATURAGE AVEC ANIMAUX.

Dans un riche pâturage, le peintre a représenté deux vaches couchées et une autre debout sur un plan plus reculé ; derrière celle-ci, le berger qui les garde, cause avec une femme et une jeune fille.

Ce groupe se détache sur un fond formé par une montagne au ton chaud et vapôreux ; il occupe la droite de la composition, qu'un grand arbre domine sur ce point, en s'élevant altier.

Une rivière et un horizon de montagnes s'étendent à gauche.

La richesse de ton, un coloris saisissant de vérité, et l'effet aussi brillant qu'harmonieux des rayons du soleil, habilement distribués comme autant de jeux de lumière, assignent à ce tableau une place de premier ordre dans l'œuvre d'Albert Cuyp.

Ce tableau a figuré dans le cabinet du prince Dolgorouky; il a été gravé au trait chez Klauber, pour le catalogue de la collection de M. Duval de Genève, exposée en vente publique à Londres, en 1846, où il fut acheté pour M. le comte de Morny, puis revendu à la vente de ce dernier, en 1853.

Hauteur 87 cent. Largeur 1 mètre 10 cent. Toile.

---

7. CUYP (Albert).

PAYSAGE AVEC CAVALIERS.

Un gentilhomme en costume rouge, ceint d'une épée et portant de larges bottes, cause avec un militaire vu de dos, qui est debout, derrière le premier personnage, et tient en laisse deux chiens bassets.

Le gentilhomme est monté sur un cheval à robe blanche mouchetée de plaques noires; le cavalier et sa monture ressortent sur un massif d'arbres qui bornent l'horizon.

A droite, s'élèvent des arbres de haute futaie.

Du même côté, s'avance un voyageur sur un cheval brun lancé au galop.

Au fond, une chaîne de montagnes aux sommets escarpés cernent l'horizon.

Hauteur 32 cent. Largeur 45 cent. Bois.

---

8. CUYP (Albert).

PORTRAITS DE FAMILLE.

Sur le premier plan à droite, est représenté un jeune homme en costume noir, coiffé d'un large feutre; il donne la main à sa femme, vêtue d'un corsage de brocard jaune, avec jupon rouge et douillette noire. Une large collerette et un bonnet coquettement ajusté complètent la toilette de la noble dame.

Au second plan, s'élève une habitation seigneuriale, entourée d'eau.

Le jeune châtelain montre de la main droite le produit de la pêche que deux hommes apportent à leur maître.

Un chien griffon, et un épagneul se trouvent auprès du jeune couple.

Enfin, à gauche, s'étend une rivière que sillonnent quelques embarcations.

Tableau traité avec beaucoup de vigueur et d'effet.

Hauteur 1 mètre 9 cent. Largeur 1 mètre 42 cent. Toile.

---

9. DOV (Gérard).

Né à Leyde en 1613. — Mort dans la même ville en 1680.
Élève de Bartholomeus Dolendo, de Pieter Kouwenhoven et de Rembrandt.

PORTRAIT DE L'ARTISTE.

Délicieuse production où la lumière, habilement ménagée, détermine un contraste des plus saisissants avec le clair-obscur de la partie gauche du portrait.

Gérard Dov s'est représenté de face; il regarde le spectateur.

Une moustache peu fournie, mais élégamment relevée, orne la lèvre supérieure. La chevelure, très-épaisse, retombe sur les épaules en boucles abondantes. Un manteau cramoisi drapé à grands plis, laisse entrevoir une partie de la chemise blanche, sur laquelle il tranche.

Enfin, une palette, des pinceaux, un appuie-main forment comme les armoiries de l'illustre peintre hollandais.

Hauteur 20 cent. Largeur 16 cent. Bois; de forme octogone.

Ce portrait provient de la vente de quelques tableaux appartenant à M. Farrer de Londres, Paris, 1853.

---

10. DOV (Gérard).

PORTRAIT D'HOMME.

Voici, sans doute, un chef de ces corporations hollandaises que Rembrandt, Hals et Vander Helst aimaient tant à reproduire.

Gérard Dov a représenté son modèle debout, le bras gauche étendu en avant avec une canne pour appui, et la main droite campée fièrement sur la hanche.

Un casaquin et des culottes de même nuance, un manteau violet jeté sur les épaules, un hausse-col caché en partie par la collerette à rabat, une épée et un feutre à larges bords dénotent un costume militaire, que confirme une physionomie expressive où percent l'habitude du commandement et la fermeté du caractère.

La tête, vivement éclairée, ressort sur un fond gris.

Signé à droite, au-dessus de la main : *G. Dov.*

Hauteur 47 cent. Largeur 39 cent. Bois; forme ovale.

---

11. DOV (Gérard).

PORTRAIT D'UNE JEUNE FEMME.

PENDANT DU PRÉCÉDENT NUMÉRO.

Elle est représentée debout, à mi-corps, le bras droit en avant et la main appuyée sur une table couverte d'un tapis de couleur brune.

La figure, remplie d'expression, se détache sur un fond gris.

Une robe noire brochée d'or, des manchettes et des bracelets, une guimpe en mousseline blanche serrée au col et recouverte d'un fichu de gaze, enfin, un petit bonnet frison : tous ces détails de toilette sont traités d'une manière ravissante.

Sur la table, on voit un missel et un coffret. Au fond, un rideau rouge à demi relevé complète cette composition.

Hauteur 47 cent. Largeur 39 cent. Bois ; forme ovale.

---

12. DYCK (Antoine Van).

Né à Anvers en 1599. — Mort à Blackfriars près de Londres, en 1641.
Élève de Hendrik Van Balen et de Pierre-Paul Rubens.

PORTRAIT DE JEAN-GASPARD GEVAERTS.

Grisaille vigoureusement exécutée par Van Dyck, pour le portrait gravé du savant Jean-Gaspard Gevaerts, d'Anvers, plus connu sous le nom latinisé de *Gevartius*. Ce portrait était destiné à *illustrer* un des principaux ouvrages de ce digne fils d'un professeur de l'université de Louvain, qui avait rempli avec distinction les fonctions d'ambassadeur.

Jean-Gaspard Gevaerts, à la fois célèbre comme littérateur et jurisconsulte, a été secrétaire d'Anvers, sa ville natale, et l'empereur Ferdinand III le nomma, en 1611, conseiller d'État et historiographe du Saint-Empire.

L'esquisse de Van Dyck, d'une exécution sûre, révèle la touche magistrale du grand artiste, qui donnait la vie à ses portraits.

Hauteur 35 cent. Largeur 34 1/2 cent. Bois.

---

13. EVERDINGEN (Albert Van).

Né à Alkmaar en 1621. — Mort dans la même ville en 1675.
Élève de Roeland Savery et de Pieter Molyn.

VUE PRISE EN NORWÉGE.

Sur le devant du tableau coule une rivière qui, en dessinant un angle, disparaît derrière des terrains sablonneux, dominés par des mélèzes, s'élevant à gauche. On y aperçoit des cabanes de bûcherons.

A droite, sur les bords escarpés de la rivière, une habitation qu'ombrage un bouquet de mélèzes croissant sur des terrains très-élevés.

Entre les montagnes boisées qui occupent le fond du tableau, on distingue le clocher d'un village.

A travers les nuages qui voilent le ciel habilement rendu, quelques rayons lumineux éclairent, çà et là, divers points de ce paysage.

Sur la rivière, vogue une barque portant des passagers.

Sur l'escarpement à droite, où se trouve une habitation, on lit la signature : *A. V. Everdingen.*

Hauteur 32 1/2 cent. Largeur 33 cent.

---

14. FLINCK (Govert).

Né à Clèves en 1615. — Mort à Amsterdam en 1660.
Élève de Lambert Jacobzen et de Rembrandt.

PORTRAIT DE FEMME.

Elle est représentée debout et jusqu'aux genoux.

Les mains sont croisées sur la poitrine, que recouvre une guimpe très-bien rendue ; un doigt de la main droite porte une bague.

La chevelure retombe en boucles abondantes qui cachent les oreilles.

Une robe en velours rouge ajoute à l'effet du coloris.

Hauteur 65 cent. Largeur 57 cent. Bois.

---

15. HEEM (Jean-David De).

Né à Utrecht en 1600. — Mort à Anvers en 1674.
Élève de son père David-Davidsz De Heem.

FRUITS ET FLEURS.

Sur une tablette de pierre, que recouvre en partie un tapis de velours bleu, sont groupés des fruits et des fleurs, que l'artiste a rendus avec une précision et un fini remarquables.

Au centre, dans un plat d'argent, sont posés un morceau de citron, un coing, des cerises encore attachées au rameau sur lequel elles ont mûri, un abricot et une huître ouverte.

Derrière ce plat, se trouve une jatte contenant des brugnons et de savoureuses grappes de raisins blancs et bleuâtres avec lesquels contrastent de larges feuilles de vigne, à la luxuriante verdure.

A gauche, un citron à demi écorcé, un couteau, des noix.

Signé : *J. D. De Heem.*

Hauteur 33 cent. Largeur 49 cent. Bois.

---

16. HEYDEN (Jean Van der) et VELDE (Adrien Van de).

Van der Heyden, né à Gorcum en 1637. — Mort à Amsterdam en 1712.

CHASSE AU CERF.

Voici le dernier acte, toujours rempli d'animation, qui forme le dénoûment d'une chasse au cerf.

A droite et à gauche du paysage, s'étend une forêt aux arbres merveilleusement rendus, et au centre de laquelle se trouve un étang, comme pour marier l'harmonie des eaux à celle de la verdure et de l'ombre.

Au premier plan à droite, un cavalier monté sur un cheval blanc lancé au galop, poursuit avec acharnement un cerf qui vient de débusquer du taillis voisin, franchit l'étang, et cherche à s'enfoncer dans la partie à gauche de la forêt.

Un valet qui surveille la meute et un veneur surexcitent les chiens qui donnent avec courage, plusieurs d'entre eux sont encore dans l'eau.

A gauche, on voit des traqueurs cachés sous bois, et le piqueur qui sonne l'hallali.

Dans le fond, à droite, des chasseurs sont arrêtés par la pièce d'eau.

Un ciel légèrement vaporeux, sillonné de nuages transparents, répand sur cette composition un charme que l'on sent, mais qu'il est impossible d'exprimer.

Dans les broussailles, vers la gauche, on lit la signature : *V. D. Heyden.*

Les figures, dont le pinceau délicat de Van de Velde a étoffé ce délicieux tableau, ajoutent, en l'animant, à l'effet et à la richesse si bien ordonnée de ce beau paysage, où l'air circule, où chaque plan s'enchaîne de manière à faire ressortir l'ensemble de l'œuvre.

Hauteur 36 1/2 cent. Largeur 45 cent. Bois.

Ce tableau a fait partie de la collection Verstolk Van Zuylen, Amsterdam.

---

17. HEYDEN (JEAN VAN DER)

ENTRÉE D'UNE VILLE.

L'artiste a reproduit l'entrée d'une ville, autour de laquelle s'élèvent des collines boisées.

Au second plan, au centre, se dresse une porte monumentale flanquée de tourelles dans le style de l'époque de la féodalité. A gauche de cette porte, on voit des habitations dominées par le clocher d'une église ; à droite un campanile surmonté d'une flèche en forme d'obélisque.

Quelques bouquets d'arbres qui dominent d'anciens aqueducs, situés hors de la ville, masquent en partie celle-ci par un manteau de verdure.

A droite, on aperçoit des arbres de haute futaie parmi lesquels un chêne dont les rameaux supérieurs sont dépouillés de feuilles ; ils ombragent une chapelle dont le mur est décoré d'une madone et d'un calvaire.

Sur un chemin qui, du premier plan à gauche, aboutit à la porte monumentale, se trouve un coche, suivi d'un cavalier.

Ce coche attend, pour s'engager sous la poterne, l'arrivée

d'un autre cavalier qui s'avance dans le sens opposé. Plus avant, des villageois stationnant au bord du chemin, causent avec un homme debout; enfin, sur un tertre auprès des aqueducs désignés plus haut, un berger fait paître son troupeau, tandis qu'au premier plan un bouvier, conduisant un taureau, souffle dans une conque en corne pour réunir les animaux confiés à sa garde.

Signature à gauche : *J. V. D. Heyden.*

Ce tableau, remarquable par une grande précision d'exécution, et dont chaque détail se distingue par le sentiment de vérité et d'exactitude, attributs du talent scrupuleux de Jean Van der Heyden, est enrichi de figures attribuées au pinceau d'Adrien Van de Velde.

Hauteur 33 cent. Largeur 43 cent. Bois.

---

18. HOBBEMA (MEINDERT).

La date de la naissance et celle de la mort de ce maître sont inconnues; on pense qu'il a existé de 1629 à 1669.

PAYSAGE DE LA GUELDRE.

L'avant-plan est, dans toute sa largeur, animé par une nappe d'eau limpide venant du fond, où la retient une écluse.

Au centre, s'élève une métairie qu'ombrage un bouquet d'arbres aux puissants rameaux; des meules de foin, que surmontent des toits mobiles, viennent se refléter dans l'eau comme dans un miroir.

Un chemin, longeant la nappe d'eau, part de la partie à droite pour aboutir au pont de l'écluse. Un homme et un enfant se dirigent vers ce pont, auprès duquel on voit un paysan avec un sac sur l'épaule et qui se rend vers une barque amarrée au bord de la rivière à gauche. Dans cette embarcation se trouvent le patron et un passager.

Imitation fidèle et poétique de cette belle nature hollandaise, surtout dans la Gueldre, dont le génie patient de l'artiste reproduit toutes les harmonies et notamment le calme, avec un sentiment de piété filiale.

Hauteur 47 cent. Largeur 62 cent. Bois.

Ce tableau fut apporté de la Hollande en Angleterre par M. Emmerson et vendu à Londres chez M. Phillips, en 1829, où il fut acheté par M. Mc Intosh; de là il passa en la possession de M. Phillips de Londres; puis il fut vendu par ce dernier, à M. Stevens, en 1860.

---

19. HOOGH (Pieter De).

Il florissait vers le milieu du XVIIe siècle.
Élève de Nicolas Berchem.

SCÈNE D'INTÉRIEUR.

Dans une salle, éclairée par une fenêtre située à gauche, se dresse une table recouverte d'un tapis de Turquie, et autour de laquelle sont réunies cinq personnes, toutes bien caractérisées.

A gauche, on remarque un gentilhomme revêtu d'une casaque de buffle sur laquelle tranche un large baudrier en soie rouge, orné de franges d'or. Il appuie son bras gauche sur la table, et tient une pipe à la main.

Les rayons du soleil éclairent vivement la manche droite et une partie de la figure de ce gentilhomme.

A côté de lui, se trouve une jeune dame qui lit un papier, les bras appuyés sur la table.

Plus à droite, un officier debout semble porter un toast en l'honneur d'une dame assise en avant et vêtue de bleu.

Cet officier a une cuirasse sur son justaucorps de buffle.

Un trompette, debout, attend la fin du toast de l'officier pour faire retentir son instrument sonore. Un chien noir est auprès du trompette.

Par une porte qui s'ouvre dans le fond à gauche, on aperçoit un péristyle et un jardin d'où partent les rayons du soleil venant dorer cet intérieur, que complètent divers accessoires très-bien rendus, comme pour ajouter au mérite de cette belle composition.

Sur la porte, on lit la signature : *Pieter de Hoogh.*

Hauteur 85 cent. Largeur 93 cent. Toile.

---

20. HUYSUM (Jean Van).

Né à Amsterdam en 1682. — Mort dans la même ville en 1749.
Élève de son père Justus Van Huysum.

BOUQUET DE FLEURS.

La parole est impuissante à décrire la richesse de composition, l'éclat de coloris de ce précieux tableau, dans lequel Van Huysum, émule et vainqueur de la nature, a pour des siècles fixé sur la toile ces merveilles de la création, ces fleurs, dont la durée fugitive se trouve prolongée par la magie d'un pinceau magistral.

Dans la partie inférieure du bouquet, des roses blanches et rouges avec leurs boutons et quelques feuilles ajoutent à l'effet par leur contraste verdoyant. Une abeille butine sur une des roses, et l'on croit entendre le bourdonnement de l'insecte déprédateur. A côté des roses, un pavot double, des jacinthes blanches et bleues, un liseron bleu, un magnifique œillet, une pivoine, une tulipe blanche et bleue, un autre liseron bleu.

Au-dessus, comme couronnement, une superbe branche de

pavot avec sa fleur aux pétales rouges et blancs, une fleur d'iris, une tulipe, puis des épis de blé.

Au bas du vase, un pavot rouge à la tige brisée qui pend sur la tablette de marbre, chargée de toutes ces merveilles; enfin, des raisins avec leurs ceps aux feuilles luxuriantes, une pastèque, des prunes et un nid contenant des œufs.

Cette splendide composition, vraiment digne de figurer dans les plus riches galeries, a été gravée à la manière noire par Earlom.

Sur la tablette de marbre, on lit la signature : Jan V. Huysum, *fecit* 1732.

Hauteur 88 cent. Largeur 73 cent. Toile.

---

21. HUYSUM (Jean Van) signé.

VASE GARNI DE FLEURS.

Un vase de marbre, richement orné de bas-reliefs, contient des pivoines, des roses rouges et blanches, des liserons, des chrysanthèmes, que dominent fièrement une superbe tulipe aux pétales blancs et violets et un œillet.

Toutes ces fleurs sont rendues avec un charme de vérité qui atteint presque la perfection.

Hauteur 62 1/2 cent. Largeur 51 cent. Bois.

---

22. HUYSUM (Jean Van) signé.

FRUITS ET FLEURS.

PENDANT DU PRÉCÉDENT NUMÉRO.

L'artiste emploie ici la magie de son pinceau à représenter des fruits qui charment les regards et attirent la main.

Ils reposent sur une table de marbre, et se composent de trois pêches au duvet velouté, de six prunes encore attachées au rameau nourricier ; à gauche, on voit deux branches de groseilles blanches et rouges ; à droite, un épi de maïs.

Deux melons, l'un ouvert et l'autre intact, des grappes de raisins, quelques fleurs parmi lesquelles contraste un chardon, enfin un magnifique ananas, complètent cette riche composition.

Hauteur 62 1/2 cent. Largeur 51 cent. Bois.

---

23. JARDIN (Karel Du).

Né à Amsterdam en 1635. — Mort à Venise en 1678.
Élève de Nicolas Berchem.

PAYSAGE DES ENVIRONS DE LA HAYE.

Dans un riche pâturage qui s'étend sur le premier plan du tableau, un pâtre accroupi et fortement éclairé par les rayons du soleil, trait une brebis. Il a pour coiffure un feutre brun, et porte une veste jaune avec des culottes rouges. Un joyeux et franc sourire épanouit sa figure, tournée vers le spectateur.

A côté du pâtre, quatre moutons au repos.

A droite, un cheval bai-foncé vu de dos et debout ; plus loin, des moutons et des vaches.

La prairie est bordée à gauche par un enclos en joncs ; plus loin s'élève une habitation que protégent de grands arbres.

Au fond une avenue symétriquement disposée et le clocher d'une église.

Le ciel est parsemé de légers nuages.

Le soleil, qui éclaire vivement, donne à tout le paysage un aspect riant par la distribution savante de la lumière.

Hauteur 34 cent. Largeur 44 1/2 cent. Toile.

Ce tableau a fait partie de la collection du prince Radziwill de Varsovie, vendue à Londres.

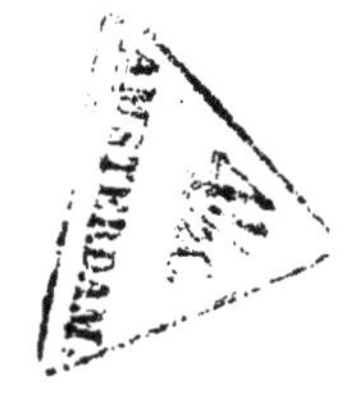

24. KONING (Philippe De).

Né à Amsterdam en 1619. — Mort dans la même ville en 1689.
Élève de Rembrandt.

L'AVARE.

Cet artiste, digne élève de Rembrandt, s'est surpassé dans cette composition, qui n'a qu'un seul personnage, mais où se trouvent réunies la magie du coloris et la hardiesse du pinceau.

Un vieillard, coiffé d'un béret rouge, vêtu d'un pourpoint jaune avec une pelisse fourrée qui retombe sur son épaule gauche, est assis devant une table qui supporte un registre dans lequel il inscrit les pièces d'or après les avoir pesées avec soin.

C'est l'avarice et la cupidité personnifiées, qu'achèvent de faire ressortir des effets de lumière et de clair-obscur combinés à la manière de Rembrandt, sans que Philippe de Koning abdique son individualité.

Hauteur 83 cent. Largeur 77 1/2 cent. Toile.

---

25. MAES (Nicolas).

Né à Dordrecht en 1632. — Mort à Amsterdam en 1693.
Élève de Rembrandt.

LA BONNE MÉNAGÈRE.

Une jeune femme, assise près de l'âtre d'une cheminée à manteau rouge qu'ornent des plats symétriquement arrangés, raccommode le pourpoint de son mari.

Elle est vêtue d'une jaquette bleue à manches rouges et d'un jupon bleu. Sa coiffure consiste en un petit bonnet de linge.

Derrière cette jeune femme, tournée vers la droite, se trouve un fauteuil avec coussin vert; à ses pieds, on voit un panier à ouvrage.

Un tapis de Turquie, des couvertures et des draps sont placés sur une autre chaise à droite.

Dans le fond, l'alcôve avec un lit et une porte entr'ouverte.

Cette composition, d'une simplicité charmante et d'une exécution remplie de finesse, est signée des initiales de P. De Hoogh.

Hauteur 62 1/2 cent. Largeur 49 cent. Toile.

---

26. MAES (Nicolas).

PORTRAIT DE FEMME.

La noble dame est représentée assise dans un salon, dont la porte entr'ouverte laisse apercevoir un site champêtre.

Les mains de la châtelaine sont croisées, et la droite tient un chasse-mouches. Elle porte une coiffure ou bonnet en soie noire doublé de fourrures; une large collerette lui retombe sur les épaules, et sur une robe en soie noire tranchent des manches en mousseline.

Hauteur 56 cent. Largeur 48 1/2 cent. Toile.

---

27. MEERT (Pierre).

PORTRAIT D'UN MAGISTRAT.

Belle tête énergiquement caractérisée, qui ressort et se détache sur un fond brun.

La lèvre supérieure est ornée d'une moustache relevée en croc. Une large perruque dont les boucles tombent sur le col, et un rabat brodé, révèlent bien un magistrat.

Le vêtement en drap noir avec d'amples draperies n'est pas moins significatif.

Le coude repose sur le dossier d'un fauteuil à clous dorés.

Ce portrait, peint d'un pinceau vigoureux, se distingue par la manière large et empâtée, qui est inhérente à Pierre Meert.

Hauteur 74 cent. Largeur 64 cent. Toile.

---

28. METSU (Gabriel).

Né à Leyde en 1615. — Mort à Amsterdam en 1658.

LE PESEUR D'OR.

Une jeune femme éplorée, et qui presse son mouchoir contre son visage pour contenir et essuyer ses larmes, présente de la main gauche une cédule à un vieil harpagon. Celui-ci, vu de face, est derrière une table couverte de pièces de monnaie ; il se prépare gravement à peser dans un trébuchet, qu'il supporte de la main droite, une pièce d'or dont la valeur lui paraît suspecte, et que sa main gauche va soumettre à l'épreuve décisive.

L'avare s'est interrompu devant la présentation de la cédule ; mais il ne semble pas trop disposé à accueillir favorablement la jeune femme, dont les vêtements indiquent le veuvage : casaquin brun, jupon noir, bonnet de linge avec crêpe de deuil. Elle a un panier en osier au bras.

Le vieux ladre a le costume des gens riches de son époque : pourpoint violet recouvert d'un manteau gris, bonnet rouge, et sa cravate est négligemment nouée.

Sur la table, on voit un manuscrit et un coffre ouvert où se trouvent des objets en or. Une draperie relevée dans le haut à droite masque en partie une armoire placée au fond et sur laquelle une mappemonde est déposée.

Contre l'armoire, il y a des papiers retenus par des cordons ; un de ces papiers porte le nom du peintre et cette date : *G. Metsu*, 1654.

D'après une tradition conservée par la famille Daniel Hooft, dans laquelle ce tableau est resté jusqu'en 1860, cette production fut composée à la suite d'un différend de Gabriel Metsu avec le ministre Uitenbogaard, lequel est représenté sous la figure du *Peseur d'or;* l'autre personne est la femme de l'artiste.

Hauteur 73 cent. Largeur 66 cent. Toile.

Ce précieux tableau, une des œuvres capitales de Metsu, provient de la collection Daniel Hooft, vendue à Amsterdam, en 1860.

---

29. MIERIS (Frans Van) le jeune.

Né à Leyde en 1689. — Mort dans la même ville en 1763.
Élève de son père.

A QUI PERD GAGNE.

Assis devant une table placée à droite, un vieux soudard en casaquin de buffle et en cuirasse, avec une écharpe rouge nouée sur le côté, bourre complaisamment sa pipe, et sourit au spectateur, du côté duquel il se détache en pleine lumière.

Derrière ce joyeux compagnon, une jeune femme, tenant à la main un verre de vin, se laisse embrasser sans façon par un jeune homme qui paraît légèrement ému à la suite de nombreuses libations.

Des cartes que l'on voit sur la table (l'as de pique et l'as de cœur) expliquent assez la gaîté du vieux soudard et l'action du jeune homme, qui semble dire : Malheureux au jeu, heureux en amour.

Au fond un péristyle, une cage appendue au plafond.

Signé à droite sur un pan de la table : *F. Mieris*.

Hauteur. 25 cent. Largeur 19 cent. Bois.

---

30. NEER (Aart Van der).

Né à Amsterdam en 1619. — Mort dans la même ville en 1683.

EFFET DE SOLEIL COUCHANT.

Dans cette magnifique composition, Van der Neer reproduit un immense paysage, site pris en Hollande, où le soleil lui fournit des inspirations et des effets aussi heureux que les clairs de lune, si favorables à son pinceau.

Une rivière, vue en perspective, prolonge son cours entrecoupé de roseaux et de bancs de sable.

A l'avant-plan, sur un terrain sablonneux où l'on voit un chêne aux nombreux rameaux et un tronc d'arbre noueux, se trouvent deux chasseurs ; l'un est assis près de son chien couché sur le sol ; l'autre est debout, il tient son fusil, et montre du doigt le point où se cache une caille.

A gauche, sur la rivière, un pêcheur dans une barque ; le long des bords, se dressent des clochers à la flèche élancée.

A droite, au second plan, une barrière formée de tronçons et de branches d'arbres, porte la signature *A. V. D. N.;* plus loin, chemine un paysan avec son fils. Au fond, le village et ses habitations.

Le soleil couchant disparaît à l'horizon derrière une haute

construction; mais ses derniers rayons répandent sur tout le paysage une lueur magique, qui fait illusion.

Ce tableau, dont chaque détail charme le regard, est traité avec un soin exquis; il mérite, sous tous les rapports, d'être classé parmi les productions les plus parfaites et les plus importantes d'Aart Van der Neer.

Hauteur 79 cent. Largeur 1 mètre 8 cent. Toile

---

31. OSTADE (Adrien Van).

Né à Lubeck en 1610. — Mort à Amsterdam en 1685.
Élève de Frans Hals.

UNE FÊTE DE VILLAGE.

Voici une rue qui, du premier plan à droite, se prolonge jusque dans le fond à gauche en coupant le tableau en angle.

Au premier plan, devant une hôtellerie au toit de chaume avec une porte à auvent, que surmonte une couronne, un couple joyeux danse et gambade, comme on le fait au village, sans art, mais gaîment.

L'instrument qui règle et marque cette effusion chorégraphique n'a pourtant rien de mélodieux; c'est une musette dans laquelle souffle un ménétrier juché sur un tonneau. A droite du musicien, un personnage de grave apparence et une vieille femme, puis un égrillard compère, d'âge plus que mûr, qui se permet d'embrasser publiquement une bonne vieille.

A gauche, des enfants près d'un tonneau sur lequel un des gamins cherche à se mettre à califourchon.

Sous les fenêtres de l'hôtellerie, des couples joyeux dans les attitudes les plus variées; un paysan, le corps penché en dehors de la croisée, remet un broc à une personne qui se trouve à l'extérieur.

Un jeune gentilhomme, richement vêtu et donnant la main à une dame, arrive par le fond ; c'est peut-être le peintre lui-même, venant assister à cette fête qu'il a si bien reproduite.

Au fond, des groupes très-animés, et, dans le lointain, le tumulte d'une rixe.

Ce tableau, qui remonte à la seconde manière d'Adrien Van Ostade, a droit d'être apprécié comme une des compositions capitales de cet artiste. La lumière, habilement distribuée, éclaire le paysage en permettant à l'œil de suivre et de saisir tous les détails de cette composition si riche dans son heureux ensemble, où tout vit et respire.

La signature se trouve à l'avant-plan : *A. Van Ostade,* 1640.

D'après une note que M. Phillips, de Londres, a bien voulu nous communiquer, les figures principales représentent Ostade et sa femme, et ce tableau provient de la collection Van der Pot, d'Amsterdam.

Hauteur 72 cent. Largeur 92 cent. Bois.

---

32. OSTADE (Isack Van).

Né à Lubeck en 1617. — Mort à Amsterdam en 1671.
Élève de son frère, Adriaan Van Ostade.

INTÉRIEUR D'UNE FERME.

Dans une habitation rustique, recouverte en chaume et d'un aspect pittoresque, une vieille femme vêtue d'un corsage rouge et d'un jupon bleu, répand sur le sol des aliments contenus dans une assiette, et les donne à un chien.

Près de cette femme, mais plus en arrière, on voit un paysan qui tient une cruche à la main, et vient sans doute de la cave, dont la porte est située au fond, à droite.

Vers la gauche, sur un plan plus rapproché, une autre femme et deux hommes ; il y en a un appuyé contre une table.

Divers accessoires habilement traités complètent cette composition.

Hauteur 21 cent. Largeur 26 cent. Bois.

---

33. POT (Henri).

Né en 1600. Mort en 1656.

RÉUNION DE FAMILLE.

Dans une salle richement ornée, dont les murs sont tapissés en cuir de Cordoue, se trouvent réunis les membres d'une famille hollandaise, appartenant à la haute aristocratie.

Au centre, on voit deux dames assises ; celle qui se trouve à gauche indique du doigt au spectateur l'autre dame placée à droite, et qui tient dans ses bras un jeune enfant.

Derrière la première dame, une servante porte un enfant du même âge que celui tenu par sa mère, sans doute deux jumeaux.

Un gentilhomme placé à gauche de la seconde dame, avec un geste qui semble dénoter le père, le chef de la famille, montre sa noble compagne comme pour dire que la race dont ils portent le nom ne s'éteindra point. La satisfaction paternelle s'unit dans ce geste au sentiment d'un homme de haut lignage.

A droite de la composition, se trouvent deux autres gentilshommes aux vêtements identiques ; ils s'appuient à une table recouverte d'un tapis vert et chargée d'instruments de musique.

Tableau d'une grande finesse d'exécution.

Hauteur 63 cent Largeur 92 c. Bois.

---

34. PYNÁCKER (ADAM).

Né à Pynacker en 1621. — Mort à Delft en 1673.

PAYSAGE ITALIEN.

L'horizon est cerné par des montagnes entre lesquelles s'étend un vallon qu'anime et sépare un cours d'eau.

A droite, des débris d'habitations en ruines couronnent une élévation couverte de broussailles jetant une espèce d'ombre mystérieuse sur le second plan, baigné par une pièce d'eau.

Un berger avec son troupeau traverse l'eau en se dirigeant vers le fond.

Derrière ce berger, mais à la partie antérieure du tableau, un muletier, monté sur une bête de somme et suivi d'une mule et d'une chèvre, se détache en silhouette, vivement éclairé par les rayons du soleil couchant.

Ce muletier va aussi passer à gué la pièce d'eau.

A gauche, au premier plan, des broussailles ; plus loin, un viaduc conduisant à un autre vallon.

Le soleil vient du fond de la composition, et le ciel est parsemé de nuages.

Signé à gauche dans les broussailles : *A. Pynacker.*

Hauteur 50 cent. Largeur 59 1/2 cent Toile.

---

35. REMBRANDT.

Né à Leyde en 1608. — Mort à Amsterdam en 1669.
Élève de Jacob Isaakszoon Van Swanenburg, de Pieter Lastman et de Jacob Pinas.

PORTRAIT D'UNE JEUNE FILLE.

Voici une des premières compositions de l'illustre maître, dont la fécondité et la puissance se sont manifestées dans la suite sous tant d'aspects, toujours avec des forces nouvelles dans son œuvre si vaste, si remarquable.

Rembrandt a peint dans ce portrait un charmant modèle, une jeune personne blonde, vue jusqu'aux genoux. Elle est de trois quarts et tournée vers la gauche. La tête parfaitement posée et la figure aussi agréable qu'expressive se détachent et ressortent sur un fond gris d'un ton chaud.

Les cheveux bouffants sont relevés en arrière et maintenus par une coiffe en linge; une collerette de mousseline à festons brodés retombe sur les épaules. Ces festons, savamment exécutés, sont peints en pleine pâte; pour plusieurs parties, les dessins en sont faits avec la hampe du pinceau.

Une robe de soie noire quadrillée de gris et serrée au corsage met en relief les contours de la taille.

La main droite, vivement éclairée, pend le long du corps, elle tient un chasse-mouches en plumes noires. Un bracelet à trois rangs de perles retombe sur la main, et une manchette collante d'un dessin identique à celui de la collerette orne les bras.

La main gauche, aussi en pleine lumière, est repliée dans l'ouverture du corsage; une émeraude brille à l'un des doigts.

Ce portrait est une des bonnes œuvres dues à la première époque de Rembrandt.

Signé *R. V. Ryn, pinxit.*

Hauteur 1 mètre 36 cent. Largeur 1 mètre 1 cent. Toile.

---

36. REMBRANDT.

PORTRAIT DU CONSEILLER NAGEL.

Ce tableau provient de la collection du chevalier de Burtin ; il est décrit dans son *Traité des connaissances nécessaires aux amateurs de tableaux*, publié en 1808, page 280, n° 123 ; nous reproduisons ici une partie de cette description :

« Le portrait, grandeur naturelle, à mi-corps, du con-
» seiller Nagel de Nimègue.

» Ce merveilleux tableau a été peint en 1647. C'est un des
» portraits les plus soignés qui soient sortis du pinceau de
» Rembrandt. Il l'a fini avec tous les soins et toute la déli-
» catesse dont il était capable quand il voulait, mais dont il
» faisait si rarement l'usage recherché qu'il en a fait dans ce
» morceau et dans un petit nombre d'autres, que pour ce
» mérite même, ils sont quelquefois attribués au pinceau
» d'autrui par ceux auxquels Rembrandt n'est connu que par
» sa manière strapassée, dont on ne trouve quelques ves-
» tiges ici que dans les poils de la barbe, qui sont en partie
» tracés au moyen de la hampe du pinceau ; les ombres y
» sont si transparentes et si bien dégradées, les chairs y
» sont traitées avec tant de délicatesse et un mélange de cou-
» leurs si indéchiffrable, tout en un mot, y est fondu avec
» tant d'intelligence, qu'il en résulte une illusion absolument
» magique.

» Le dessin de la tête, et de chacune de ses parties, est
» d'une correction extraordinaire ; les mains mêmes y sont

» beaucoup mieux dessinées et soignées que de coutume. Un
» large chapeau rabattu, dont l'ombre met une partie du
» visage en demi-teinte, un large rabat très-blanc sans plis,
» et un habit noir, ne contribuent pas peu, avec la dégrada-
» tion bien entendue du fond, à augmenter l'effet piquant de
» ce merveilleux portrait, qui peut aller de pair, pour l'exé-
» cution soignée et pour l'illusion, avec le portrait si re-
» nommé du professeur Tulpius, au théâtre anatomique
» d'Amsterdam, qui passe pour ce que Rembrandt a peint de
» plus parfait. »

Hauteur 76 cent. Largeur 63 cent. Toile.

---

37. RUISDAEL (Jacques).

Né à Harlem en 1635. — Mort dans la même ville en 1681.

LA MARE.

Un étang, encaissé entre des collines verdoyantes et bien boisées, occupe le fond du tableau, et vient former sur le premier plan une belle nappe d'eau.

Cette partie du premier plan est couverte de nénuphars, d'algues et d'autres plantes aquatiques, dont les larges feuilles contrastent avec la surface limpide de l'eau.

Sur la berge, à droite, croissent des arbres séculaires projetant au loin leur ombrage, tandis que leurs racines humides sont entourées de joncs et de roseaux. Parmi ces arbres, on distingue un vieux hêtre au tronc semé de nœuds et recouvert d'une mousse blanchâtre. Sa cime brisée révèle son grand âge.

Tous ces arbres se reflètent dans le cristal des eaux comme dans un miroir; telle est l'illusion produite par l'artiste, que l'on croit entendre le murmure des feuilles et le clapotement des flots.

A gauche, sur l'autre berge, couverte de broussailles et de troncs brisés, on voit deux pêcheurs qui préparent leurs engins.

Plus loin, s'élève un massif d'arbres dont les rameaux touffus étendent leur ombrage jusque sur le bord de l'étang. Enfin de hautes montagnes cernent l'horizon, et le ciel voilé de nuages indique le climat de la Gueldre.

Signé à gauche, dans les roseaux : *J. Ruisdael.*

Ce charmant tableau peut être considéré comme un des plus délicieux spécimens du talent de Ruisdael, qui se rapproche ici, par la puissance des tons et sa touche vigoureuse, des plus belles productions de Hobbema.

Hauteur 51 cent. Largeur 61 cent. Toile.

---

38. RUISDAEL (Jacques).

PAYSAGE.

A l'avant-plan du tableau, de droite à gauche, coule une rivière sur laquelle est jeté un pont rustique formé de troncs d'arbres entrelacés de broussailles, et auquel aboutit un terrain sablonneux.

Un pâtre, précédé par un mouton, et chassant devant lui une vache rousse et un bœuf noir, traverse le pont; il se dirige vers le fond.

Le soleil éclaire fortement cette partie du tableau.

Au premier plan, un hêtre brisé plonge sa cime dans l'eau. A côté, on voit des taillis où deux chèvres cherchent leur nourriture.

Le second plan, qui se dresse en amphithéâtre, est occupé par une forêt aux arbres élevés et touffus, d'essences différentes.

Entre les arbres, reparaît la prolongation du chemin du

premier plan ; on y distingue un homme vivement mis en relief par les rayons du soleil. Ce chemin s'efface à gauche vers le fond.

Les nuages qui voilent à demi le ciel laissent échapper quelques rayons lumineux, habilement ménagés, et produisant une illusion complète grâce à la distribution de clarté qui semble détacher chaque arbre, chaque objet :

A droite, sur le chemin sablonneux, ces deux initiales : *J. R.*

Tout, dans cette composition, révèle le talent prestigieux du grand peintre qui excellait à reproduire les sites sauvages de la Norwége comme les paysages riches et harmonieux créés en Hollande par l'industrie aussi patiente qu'ingénieuse d'un peuple qui comprend si bien la poésie de la nature.

Hauteur 64 1/2 cent. Largeur 70 cent. Toile.

De la collection Duval de Genève, vendue à Londres en 1846.

---

39. RUISDAEL (Jacques). École de

(DU BOIS.)

SITE CHAMPÊTRE.

A la gauche du tableau, on voit un chemin sablonneux fortement éclairé par les rayons du soleil, se faisant jour à travers d'épaisses nuées qui semblent annoncer l'approche d'un orage.

Après avoir dessiné une espèce de circuit, le chemin se perd derrière un massif d'arbres.

Mais dans la partie antérieure, on voit circuler un paysan avec un jeune garçon ayant un sac sur les épaules.

Au bord du chemin, à droite, trois personnes se reposent et paraissent causer.

Dans le fond, se trouve un chariot qui va disparaître derrière le point où le chemin tourne.

Sur un monticule à gauche, bordant le chemin, s'élève une chaumière entourée d'arbustes; sur l'autre côté à droite, il y a une cabane et des arbres de haute futaie aux rameaux touffus.

L'horizon est borné par des arbres entre lesquels on aperçoit le clocher d'un village.

Hauteur 35 cent. Largeur 32 cent. Bois.

---

40. RUYSCH (Rachel).

Née à Amsterdam en 1664. — Morte dans la même ville en 1750.
Élève de Willem Van Aalst.

BOUQUET DE FLEURS.

Sur l'appui d'une fenêtre cintrée par le haut, Rachel Ruysch a peint une bouteille contenant les fleurs les plus délicates des jardins, des serres, des prairies avec leurs nuances variées.

L'art égale la nature, tant chaque fleur est rendue avec talent, il faudrait dire avec perfection.

On doit surtout signaler une rose rouge, une rose thé, des pavots simples et doubles, des tulipes, une pivoine d'un rouge éclatant, l'iris blanc et rose, et une branche d'oranger.

Une superbe tige de chardon porte quatre fleurs magnifiques, et comme pour couronner l'œuvre, quelques épis de blé mariant l'utile au luxe de cette poésie des jardins.

Au bas du vase, pendent les tiges presque flétries d'une pivoine, d'un camélia et de quelques œillets; sur une feuille de rhubarbe, l'artiste a peint un insecte et un papillon, si saisissants de vérité que l'on avance involontairement la main pour les saisir.

Sur le mur d'appui de la fenêtre, un escargot et un papillon. Enfin, le long du cintre, grimpe un escargot.

On ne saurait se lasser de contempler et d'admirer ce chef-d'œuvre d'un des talents les plus fins, les plus délicats de l'école hollandaise dans ce genre.

Signé : *R. Ruysch.*

Hauteur 1 mètre 44 cent. Largeur 1 mètre 19 cent. Toile.

---

41. RUYSCH (RACHEL).

BOUQUET DE FLEURS.

Dans une niche, dont la partie supérieure est cintrée, le talent aussi gracieux que vrai de Rachel Ruysch a peint un bouquet de fleurs, prosaïquement déposé dans une bouteille.

Il y a des tulipes, une rose de Provins, des œillets de nuances variées, des camélias, une rose thé, une rose jaune, un pavot rouge, des chrysanthèmes, en un mot tout un concert donné aux regards des personnes qui comprennent ce luxe poétique de la nature.

Signé : *Rachel Ruysch.*

Hauteur 88 cent. Largeur 71 cent. Toile.

---

42. SCHENDEL (BERNARD).

Né à Harlem en 1634. — Mort dans la même ville en 1693.

CABARET FLAMAND.

L'artiste a choisi et reproduit le moment où de nombreuses libations déterminent, chez les habitués d'un cabaret, l'explosion d'une gaîté parvenue à son plus haut degré.

Au milieu de la pièce, quatre joueurs réunis autour du tric-trac commentent et discutent un coup sur lequel ils cherchent à se prononcer en se mettant d'accord. Tout auprès, mais un un peu en avant, se trouve un enfant qui tient un jouet d'une main, et de l'autre caresse un chien blanc, buvant dans un vase.

Vers la gauche, un joyeux compère au nez bourgeonné, qui a pour siége un escabeau, tient sur ses genoux une femme, armée d'une bouteille, ce qui explique assez l'abandon plus que familier de cet épisode.

Près de ce groupe, un enfant pleure; un jeune garçon cause avec une petite fille.

A droite des joueurs de bac; un paysan dort, la bouche ouverte, appuyé contre un tonneau; une vieille femme et deux hommes jouent aux cartes,

D'autres groupes très-animés se trouvent dans le fond; il y a même des buveurs perchés sur des armoires; seule, la maîtresse de la maison a conservé le calme qui manque aux consommateurs, dont elle note avec soin la dépense et l'écot sur une palissade en planches.

Hauteur 56 1/2 cent. Largeur 78 cent. Toile.

---

43. SCHUT (Corneille).

Né à Anvers en 1590. — Mort dans la même ville en 1649.
Élève de Rubens.

ALLÉGORIE.

Des amours portent des fruits parmi lesquels on remarque un melon, des pastèques et des grappes de raisin.

Hauteur 1 mètre 5 cent. Largeur 1 mètre 23 cent. Toile.

---

44. SMIT (Thierry).

Il florissait au XVIIe siècle.
Imitateur de Willem Van de Velde et de Backhuysen.

MARINE.

L'avant-plan du tableau, plongé dans l'ombre, contraste avec les autres parties, que le soleil éclaire vivement.

Au centre, un yacht à la carène richement décorée se dirige à droite pour se mettre sous le vent. Huit matelots travaillent à la manœuvre. Du même côté, à droite, un majestueux vaisseau à trois ponts, armé de ses caronades, louvoie avec effort.

A gauche, une chaloupe dirigée par un seul homme qui fait force de rames, cherche à rejoindre le vaisseau à trois ponts.

On voit aussi d'autres navires, entre autres une frégate.

Dans le fond se dessine le port, sans doute celui d'Amsterdam.

Hauteur 75 cent. Largeur 1 mètre 27 cent. Toile.

---

45. STEEN (Jean).

Né à Leyde en 1626. — Mort dans la même ville en 1679.
Élève de Nicolaas Knuffer, d'Adriaan Van Ostade et de Jan Van Goien.

LE CHIRURGIEN DE VILLAGE.

Un paysan, à la mine contractée et presque hébétée par l'excès de la douleur, a confié sa jambe droite à un chirurgien de village, qui applique l'appareil de pansement sans s'inquiéter des grimaces et des souffrances de sa victime.

Derrière ce groupe, la femme du patient suit, les mains croisées avec l'expression de l'anxiété, la marche de la cruelle opération.

Dans le fond, près d'une fenêtre à carreaux grillés, un aide du chirurgien prépare tranquillement des potions.

Sur une chaufferette qui supporte la jambe du paysan, on lit cette inscription : *J. Steen fecit.*

Hauteur 33 1/2 cent. Largeur 28 1/2 cent. Bois.

Collection du général sir Charles Doyle.

---

46. TENIERS (David).

Né à Anvers en 1610. — Mort à Bruxelles en 1694.
Élève de son père, David Teniers, d'Adriaan Brouwer et de Pierre-Paul Rubens.

LA SALLE DE BAL.

Teniers s'est distingué dans cette charmante et gracieuse composition en raison du charme, du cachet de distinction dont il a su empreindre tous ses personnages.

Dans un salon, se trouve réunie une nombreuse et brillante société. Une jeune personne, en robe bleue, la femme de l'artiste, et un jeune homme (Teniers) dansent un menuet.

Trois jeunes dames assises à gauche causent avec leurs cavaliers en attendant de déployer à leur tour les talents chorégraphiques qui les distinguent. Une de ces dames, en robe bleue et en jupon de satin jaune, a auprès d'elle un enfant.

Trois musiciens, dont un joue de la basse et le second du violon, se trouvent un peu à gauche et forment l'orchestre.

Près d'une porte située à droite, un cavalier cause avec une jeune femme.

Les spectateurs très-nombreux, formant ce que l'on appelle *la galerie*, sont rangés contre les murs du salon, éclairé par des bougies fichées dans un lustre en cuivre et dans les niches des parois.

Hauteur 30 cent. Largeur 36 cent. Bois.

Ce tableau a fait partie d'une petite collection appartenant au duc de Berry.

Décrit au supplément du *Catalogue raisonné* de Smith, page 433, n° 84.

---

47. TENIERS (David).

PAYSAGE.

A droite, s'élève une hôtellerie rustique composée de deux bâtiments au toit de chaume. Le maître de la maison stationne à la porte, et cause avec deux paysans.

Dans le fond, une femme et une petite fille vont sortir de l'enclos. Plus loin, se dresse le clocher de l'église de Perck, où Teniers a résidé pendant plusieurs années; autour du clocher, on voit de nombreux arbres.

Signé du monogramme du peintre, D. T.

Hauteur 17 1/2 cent. Largeur 21 1/2 cent. Bois.

---

48. TERBURG (Gérard).

Né à Zwolle en 1608. — Mort à Deventer en 1681.
Élève de son père.

PORTRAIT D'UN MAGISTRAT HOLLANDAIS.

L'artiste a représenté son modèle vu de trois quarts, et tourné vers la droite.

Les cheveux bruns, rejetés en arrière, retombent sur les épaules en boucles nombreuses et ondoyantes. La physionomie austère, où petillent des yeux vifs, pleins de finesse, se détache sur un fond gris.

Le costume se compose d'un col à rabat et d'un manteau jeté sur une robe noire.

A gauche, dans la partie supérieure, on lit :

A° 1654. — Aetatis, 35. — *G. T. B.*

Hauteur 38 cent. Largeur 30 cent. Bois.

---

49. TERBURG (Gérard).

PORTRAIT DE FEMME.

PENDANT DU PRÉCÉDENT NUMÉRO.

C'est une femme aux yeux bleus, à la blonde chevelure retenue en arrière, coiffée d'un petit bonnet à la mode de la Frise, en étoffe noire. Une large chemisette rabattue sur les épaules et une robe noire forment sa toilette simple, presque sévère.

Anno 1654. — Aetatis, 25. — *G. T. B.*

Hauteur 38 cent. Largeur 30 cent. Bois.

---

50. TERBURG (Attribué à Gérard).

INTÉRIEUR D'UNE CHAMBRE A COUCHER.

A gauche, une jeune femme assise et vue de trois quarts, tient par la main une petite fille ; à sa droite, on voit une autre petite fille, debout.

Le costume de la dame consiste en une robe de satin olive, recouverte d'un manteau noir avec un fichu en mousseline.

La petite fille placée à droite porte une robe de satin blanc broché d'or ; un béret rouge lui couvre à demi la tête, et tranche avec les boucles blondes de sa chevelure.

A côté de la dame, mais un peu en arrière, le mari debout en pourpoint et en manteau noirs ; il est coiffé d'un large feutre.

Son bras droit, que recouvre un pan de manteau, est fièrement campé sur la hanche à la manière des matamores du XVIIe siècle. De la main gauche, qui repose sur sa poitrine, ce personnage tient un gant. Il a des bottes à revers de couleur blanche. Un cinquième acteur de cet épisode intérieur se trouve plus à droite, avec un papier imprimé dans ses mains. Au fond, s'élève un lit.

Rien de plus simple et de plus vrai que cette reproduction fidèle de la nature traitée avec la puissance et la délicatesse de pinceau qui caractérisaient le talent de Terburg.

Sur une porte à droite, le monogramme de l'artiste.

Hauteur 77 cent. Largeur 85 cent. Toile.

---

51. VELDE (Adrien Van de).

Né à Amsterdam en 1639. — Mort dans la même ville en 1672.
Élève de Jan Wynants.

SITE CHAMPÊTRE AVEC ANIMAUX.

L'artiste nous représente une prairie remplie d'arbres, derrière lesquels on aperçoit différentes habitations. A l'avant-plan, se trouve une mare, vers laquelle se dirige une vache rousse tachetée de blanc, qui se détache en pleine lumière. Elle se trouve vers la droite, une paysanne la suit avec un seau à la main.

A droite, en arrière de la vache et dans la demi-teinte, rumine une autre bête bovine au poil roux. A ce point, s'élèvent deux arbres au rare feuillage.

A gauche, deux moutons et un cheval qui se désaltère.

Délicieuse petite composition d'un faire délicat et des plus soignés.

Hauteur 24 cent. Largeur 29 cent. Bois.

---

52. VOYS (ARY DE).

Né à Leyde en 1641.
Élève de Knuffer et d'Abraham Van den Tempel.

LE REPOS DU CHASSEUR.

Vu de trois quarts et tourné vers la gauche, un chasseur avec barbe et chevelure grises, coiffé d'une toque en velours cramoisi et vêtu d'une casaque verte à revers jaunes, est assis auprès d'une table sur laquelle se trouve un chien épagneul, auquel son maître montre une perdrix, qu'il tient de la main droite.

Entre les jambes du chasseur repose un fusil qu'il retient de la main gauche.

Hauteur 25 cent. Largeur 21 cent. Toile.

---

53. WEENIX (JEAN-BAPTISTE).

Né à Amsterdam en 1621. — Mort près d'Utrecht en 1660.
Élève de Jean Micker, d'Abraham Bloemaert et de Nicolas Moyaert.

LE DÉPART POUR LA CHASSE.

Au premier plan, à droite du spectateur, s'élève une magnifique construction princière avec péristyles, terrasses, galeries, statues, vases, ornements dans le genre des châteaux d'Italie.

Un large escalier, décoré d'une statue, dont le bras gauche s'appuie sur une mappemonde en relief, est gravi par un écuyer en costume du XVIIe siècle qui, son large feutre à la main, vient annoncer au châtelain et à la châtelaine, tous deux arrêtés au sommet de l'escalier et abrités sous un parasol, que le carrosse est prêt à partir pour la chasse.

On voit, en effet, auprès d'une statue, au bas de l'avant-corps du château soutenu par quatre colonnes, un grand carrosse attelé de quatre chevaux, avec le cocher installé sur son siége.

A gauche, deux cavaliers et une amazone, le premier cavalier précédé par un chien, se dirigent vers la voiture; sans doute de nobles invités qui viennent rehausser l'éclat de la partie de chasse. Un peu plus loin, et toujours à gauche, s'élève la statue de Neptune, armé de son trident.

Une frégate, un lougre, une autre embarcation mêlent des scènes maritimes à tout le mouvement de cette belle composition qu'éclaire un ciel parsemé de nuages. Enfin, au centre du premier plan, un valet de meute avec un chien, dont il arrange le collier.

Signé : *G.-B. Weenix*, 1660.

Cette belle page, qui faisait autrefois partie de la collection Conti, mérite sous tous les rapports d'être considérée comme une des plus parfaites et des plus importantes de ce maître.

Hauteur 1 mètre 10 cent. Largeur 1 mètre 40 cent. Toile.

---

54. WEENIX (JEAN).

Né à Amsterdam en 1664. — Mort dans la même ville en 1719.
Élève de son père, Jean-Baptiste Weenix.

PORTRAIT D'UN GENTILHOMME.

Le peintre nous représente un personnage, debout dans le parc d'un château, le bras appuyé contre le rebord d'un piédestal.

Sa main gauche tient une canne. Quant à ses vêtements, ils se composent d'une houppelande en soie de couleur jaune, d'un gilet de même nuance broché d'or; de larges manches viennent encadrer les mains. Selon la mode du temps, ce gentilhomme a une grande perruque dont les boucles retombent à mi-corps ; son feutre est déposé sur le piédestal de la vasque à laquelle s'appuie ce noble personnage.

Derrière lui, on voit un chien.

Un valet, qui se trouve à droite, se baisse pour ramasser un filet, des ustensiles de chasse, des perdrix et d'autres pièces de gibier, attributs symboliques des goûts du maître.

Dans le fond s'élève un monument décoré de statues.

Hauteur 76 cent. Largeur 67 cent. Toile.

---

55. WOUWERMAN (Pierre).

Né à Harlem en 1625. — Mort en 1683.
Élève de son frère, Philippe Wouwerman.

SCÈNE DE LA VIE MILITAIRE.

Grande et belle composition de ce maître, qui se rapproche ici de la manière de son frère Philippe, le plus illustre des trois Wouwerman.

Auprès des tentes servant à la cantine d'un camp, s'arrêtent quelques cavaliers en costume du XVIIe siècle.

L'un d'eux a pour monture un cheval bai clair; un autre, sur un cheval blanc, tient à la main un verre rempli de vin, et cause avec un troisième cavalier, placé un peu en arrière.

Auprès de ce groupe, un trompette, également à cheval, fait retentir l'air des sons d'un bruyant appel.

Plus loin, des cavaliers démontés et des fantassins jouent aux dés sur un tambour qui leur sert de table.

A droite, un homme assis sur le sol, une femme tenant un enfant ; tout auprès, un chien noir.

D'autres personnages ajoutent au mouvement, à l'animation de cette riche composition où le peintre a représenté, dans le fond, un magnifique panorama, en unissant le calme de la nature au tumulte des armes.

Hauteur 90 cent. Largeur 1 mètre 19 cent. Toile.

---

56. WOUWERMAN (Pierre).

LA BIENVENUE.

A droite, s'élève une habitation seigneuriale. Un page, le chapeau à la main, souhaite la bienvenue à un personnage qui conduit par la bride son cheval à la robe blanche et brune, dont il vient sans doute de descendre.

A côté de ce groupe, on voit une dame au riche costume, montée sur une haquenée blanche. Près de cette dame, un chien ; et en arrière, un valet qui lui apporte un verre de vin.

Un mendiant et son enfant s'adressent à la noble dame en implorant la charité. Tout auprès, quatre chiens stationnent dans l'attitude du repos.

A gauche, s'étend un paysage terminé par des montagnes. On y remarque des cavaliers avec leurs valets qui les accompagnent.

Hauteur 36 cent. Largeur 44 cent. Bois.

---

57. WOUWERMAN (Jean).

Né à Harlem en 1629. — Mort dans la même ville en 1666.

PAYSAGE AVEC EFFET DE SOLEIL.

Sur un tertre à gauche, mais presque au centre de la composition, s'élève un moulin à vent, mis en relief par les rayons du soleil, qui l'éclairent d'une lumière chaude et harmonieuse.

A ce moulin conduit un chemin bordé à gauche par des habitations, à droite par des palissades et des débris de briques et de troncs d'arbres.

Sur le chemin, également en pleine lumière, s'avance un cavalier que son chien précède. Plus loin, un colporteur se repose.

Une rivière, qui coule dans la partie droite du tableau, contourne le moulin.

L'avant-plan, plongé dans l'ombre, contraste avec le fond de la rivière, qui se détache vivement coloré par les rayons du soleil.

Dans le fond s'étendent des dunes sablonneuses.

Hauteur 63 cent. Largeur 88 cent. Toile.

TABLEAUX ORNANT LES CABINETS.

58. BERCHEM (Attribué à NICOLAS).

PAYSAGE SITE D'ITALIE.

Une hôtellerie dont les murs en ruines sont tapissés de lierre et de verdure occupe le second plan, à gauche. Sur le chemin, qui prend naissance derrière l'hôtellerie et se prolonge sur l'avant-plan, un pâtre, avec quelques moutons et un chien, s'avance précédé d'une femme montée sur un âne chargé; elle porte un enfant entre les bras.

Au centre, au premier plan, un maréchal ferre un âne; derrière lui un mouton, un bœuf à la robe rousse et à tête blanche conduit par un pâtre qui cause avec une femme montée sur un mulet.

Un cavalier démonté s'appuyant contre un cheval, des chiens et d'autres personnages complètent la composition.

Hauteur 68 cent. Largeur 80 cent. Toile.

---

59. BOTH (École de JEAN).

GRAND PAYSAGE ITALIEN.

Au premier plan, s'élèvent des arbres de haute futaie, et le sol est tapissé d'arbustes qui croissent au pied d'une chaîne de rochers allant se perdre à l'horizon.

Une rivière traverse et sillonne le paysage, qu'elle anime de son cours.

Un pâtre se désaltère à une cascade, et un berger contemple un muletier qui tire avec effort une bête rétive que précèdent deux autres mules chargées de marchandises.

Au sommet d'une éminence, on voit quelques personnes, qui ajoutent par leur présence au mouvement de cette composition.

Provenant de la vente Rhôné, Paris, mai 1861.

Hauteur 89 cent. Largeur 1 mètre 16 cent. Toile.

---

60. DE HEEM.

FLEURS, FRUITS ET ACCESSOIRES.

Réunion de fruits et de divers accessoires reproduits avec une vérité saisissante, et groupés dans un désordre pittoresque qui, par l'effet de l'ensemble, ajoute au charme de chaque détail.

Sur une table recouverte en partie d'un tapis violet, en commençant par la gauche, on voit :

Un plat d'argent contenant la moitié d'une pêche, une crevette et une écrevisse; puis derrière, dans une jatte en faïence, des morceaux de coings et un verre renversé.

Au milieu, sur un linge blanc qui pend au bord de la table, une montre et des roses ; plus loin, un plat en argent ciselé rempli de pêches, de raisins et d'abricots.

A droite, un citron mi-écorcé, dont le zeste pend sur le bord du plat qui le contient, et un crabe.

Une coupe en or, un verre à pied et une cafetière d'argent complètent toutes ces richesses de la nature et des arts.

Hauteur 101 cent. Largeur 99 cent. Toile.

---

61. DE HEER.

Imitateur de Isack Van Ostade.

SITE CHAMPÊTRE.

Sur la rive droite d'un cours d'eau où elle se reflète, s'élève une ferme au toit de chaume, mais richement éclairée par les rayons du soleil. Des arbres aux rameaux touffus ajoutent par leur riante verdure au charme de cette habitation rustique.

Près de la ferme, à droite, une palissade, puis un chemin qui s'efface en arrière et disparaît au point où l'on aperçoit un voyageur.

La rivière vient du fond et coule à gauche.

Vers le premier plan, des barques en sillonnent le cours ; une partie se trouve éclairée par les rayons du soleil, l'autre reflète les arbres qui en ornent le bord.

Assis à la porte de la ferme, un paysan cause avec le maître de l'habitation, qui s'appuie contre la partie inférieure de la porte.

Dans le fond, une cabane.

Hauteur 65 cent. Largeur 94 cent. Toile.

---

62. FYT (Attribué à).

NATURE MORTE.

Sur une table couverte d'un tapis vert sont groupés un paon mort, des grives enfilées à une broche, un faisan, un lièvre, puis un canard, qui repose en partie sur le lièvre. Un panier contenant des légumes est déposé sur la table près du paon.

Hauteur 91 cent. Largeur 1 mètre 37 cent. Toile.

---

63. MEMLING (HANS) attribué à.

VOLETS D'UN TRYPTIQUE.

Les panneaux de ces volets ont été séparés, et les faces réunies dans un même cadre.

Au centre, les revers représentent l'*Annonciation*, peinture en camaïeu.

A gauche, on voit trois personnages à genoux, le père, vieillard à barbe blanche en houppelande de couleur sombre; derrière, son fils, en costume rouge avec manteau brun et collet noir ; puis un autre jeune homme, placé en arrière.

Ce groupe est sous l'invocation de saint André, comme l'indique l'instrument du supplice de ce martyr.

A droite, sur l'autre face prise des volets, une jeune femme au costume somptueux; et derrière elle, deux jeunes filles ; toutes les trois placées sous le patronage de sainte Catherine.

Les vêtements sont traités avec beaucoup de soin et de finesse.

Hauteur 57 cent. Largeur 20 cent. Par volet.

---

64. MUSSCHER (Michel Van).

Né à Rotterdam en 1645. — Mort à Amsterdam en 1705.

PORTRAIT D'UN GENTILHOMME.

Debout dans un parc, il porte une perruque longue, bouclée, une houppelande de soie jaune avec doublure rose; de la main droite il désigne un objet placé en dehors du cadre, probablement la femme dont le portrait forme pendant.

Hauteur 45 cent. Largeur 37 cent. Toile forme ovale.

---

65. MUSSCHER (Michel Van).

PORTRAIT DE FEMME.

Elle est représentée assise, son bras gauche repose sur un piédestal; elle retient de la main une draperie jaune qui recouvre une ample robe d'étoffe bleue doublée de soie rose.

Les cheveux dénoués tombent en boucles abondantes sur les épaules.

Hauteur 45 cent. Largeur 37 cent. Toile.

---

66. OCHTERVELT.

CONCERT DANS UN PARC.

Assis près d'un péristyle dont les colonnes se voient à droite, un jeune homme joue du violon, il porte une cuirasse et un large manteau rouge. Devant lui, par terre, une jeune femme chante et tient un cahier de musique en mains; un corsage de satin blanc, décolleté et qui laisse voir la gorge, et une jupe jaune forment son costume.

Derrière ces deux personnes, une femme vêtue de noir joue de la guitare.

A gauche une servante, vue de dos, se dirige vers le fond; elle porte un plateau chargé de mets, qu'elle va déposer sur une table placée au fond.

Hauteur 1 mètre 17 cent. Largeur 1 mètre 6 cent. Toile.

---

67. POTTER (Signé, PIERRE).

PATURAGE AVEC ANIMAUX.

Dans un pâturage au centre duquel coule une rivière, le peintre nous montre une vache à robe rousse, à tête blanche mouchetée de roux, qui stationne debout en pleine lumière. Elle est tournée de gauche à droite et regarde du côté du spectateur. Viennent ensuite, à droite, un bélier et deux moutons couchés, dans l'attitude du repos; enfin deux moutons debout, il y en a un qui broute.

De l'autre côté de la rivière, s'élève une ferme entourée d'arbres; un paysan se trouve sur le seuil de la porte et regarde.

Dans le fond, d'autres vaches et quelques habitations.

Signé à gauche sur le terrain : *P. Potter,* 1653.

Hauteur 41 1/2 cent. Largeur 34 cent. Bois.

---

68. RUBENS (ÉCOLE DE).

PORTRAIT D'UN PERSONNAGE DISTINGUÉ.

Il est représenté debout, la main gauche appuyée sur un fauteuil de cuir; la main droite tenant un papier portant cette inscription : *A*. 1670. *aet*.. 73.

Il porte les cheveux courts, une barbiche et des moustaches blanches.

Physionomie bien caractérisée, traits aristocratiques et fins, qu'achève de faire ressortir une fraise à grands plis.

Vêtements en soie noire brochée et large manteau.

Au fond, un rideau rouge en partie relevé, et deux colonnes.

Hauteur 1 mètre 24 centimètres. Largeur 1 mètre 1 cent.

---

69. VELDE (ADRIEN VAN DE)

RENDEZ-VOUS DE CHASSE.

« (*Collection Prince Charles de Prusse.*)

» Tableau capital de ce maître.

» Il paraît que Van de Velde a peint ce sujet deux fois, mais
» avec des variations bien importantes.

» Le second tableau, dont Smith donne la description dans
» son catalogue raisonné, page 184, article 32, est maintenant
» dans la collection de M. Baring, de Londres.

» (Extrait du catalogue rédigé par M. Stevens en 1862.) »

Hauteur 72 cent. Largeur 62 cent. Toile.

---

70. WATTEAU (ANTOINE).

Né à Valenciennes en 1684. — Mort à Nogent en 1720.

DIVERTISSEMENTS CHAMPÊTRES.

Nombreuse réunion de personnages diversement groupés dans un paysage.

En avant de la composition, des personnes couchées ; à gauche, au premier plan, un cavalier et deux dames assis, causent avec un jeune homme et une jeune femme debout.

Au centre, un groupe de quatre personnes riant, assis sur le gazon, et folâtrant.

A droite de ce groupe, un marchand ambulant présente sa marchandise à une jeune femme assise, qui a auprès d'elle sa petite fille.

Sur un plan plus éloigné, un jeune homme conduit une jeune personne richement habillée, dont le page porte la traîne.

D'autres groupes, dans des attitudes différentes, ajoutent à l'animation du sujet, entre autres, à droite, un cavalier et sa dame se dirigeant vers le fond; ils sont suivis d'un chien.

Hauteur 45 cent. Largeur 55 cent. Toile.

Ce tableau a été importé d'Angleterre, par M. Phillips.

---

71. GUARDI.

VUE D'UN GRAND CANAL A VENISE.

Hauteur 58 cent. Largeur 83 cent. Toile.

---

72. LE MÊME.

VUE DE L'INTÉRIEUR DE LA VILLE DE VENISE.

Hauteur 58 cent. Largeur 83 cent. Toile.

---

73 ÉCOLE ESPAGNOLE.

PORTRAIT D'UN JEUNE MUSICIEN.

Le peintre nous représente un jeune homme qui joue de la mandore.

Il est debout, vu de trois quarts, sur ses vêtements flotte

un manteau élégamment drapé. De riches manchettes en mousseline ornent l'extrémité de ses bras, que terminent des mains aristocratiques, traitées avec un dessin très-pur.

La figure, aux traits réguliers, est remplie d'expression ; une moustache naissante orne, sans la voiler, la lèvre supérieure.

Tout s'unit pour répondre à la réputation méritée de cette peinture, que l'on a souvent attribuée au pinceau de Murillo.

Hauteur 102 cent. Largeur 78 cent. Toile.

---

74. MAÎTRE INCONNU.

PORTRAIT D'UNE JEUNE FEMME.

Elle est représentée en costume hollandais du XVIIe siècle : bonnet de soie retenant les cheveux en arrière, large collerette rabattue sur les épaules, robe de couleur jaune, laissant apercevoir un casaquin.

La main droite tient une rose, et la main gauche un gant.

Hauteur 28 cent. Largeur 22 cent. Bois.

---

75 MAÎTRE INCONNU.

PORTRAIT.

Portrait que l'on dit être celui de la maréchale d'Ancre.

L'artiste la représente avec des cheveux bouffants, retenus derrière la tête par sa coiffure à la mode de Florence.

Elle porte une guimpe en mousseline et un corsage de soie noire.

Hauteur 64 cent. Largeur 53 cent. Toile. Forme ovale.

---

76. SNYDERS (Genre de).

SUJET D'OISEAUX.

Près d'un panier à poussins, à l'abri sous une énorme touffe de chardons, une poule remplit l'office de couveuse.

Plus loin, un coq et des poules, que menace la prochaine agression de deux éperviers, poussent des gloussements pour appeler à leur secours les fermiers, dont l'habitation entourée d'arbres s'élève dans le fond.

Hauteur 64 cent. Largeur 50 cent. Toile.

---

77. Ecole Allemande.

SUJET D'HISTOIRE.

Un guerrier, monté sur un cheval bardé de fer, adresse la parole à une femme agenouillée à ses pieds et ayant devant elle un enfant mort. Un grand nombre de figures, exécutées d'une manière très-finie, complètent la composition.

Hauteur 11 cent. Largeur 8 cent. Bois.

---

78. Maitre inconnu.

TRIPTYQUE.

Au centre, est représenté le drame de la Passion.

Le premier plan est occupé par le Calvaire. Dans le fond, d'autres sujets se rattachant au salut du monde par le sublime sacrifice du divin Rédempteur. On voit le Christ au Jardin des Oliviers, etc.

Sur la face du volet à droite, le donataire à genoux, sous l'invocation de saint Guidon.

Sur la face du volet à gauche, la donataire sous les traits de la sainte Vierge, implorant la protection de sainte Bége.

Dans le fond, la rencontre de sainte Anne avec la Vierge, près d'un château.

Le tryptique fermé représente deux personnages sacrés : saint Guidon en costume de pèlerin, et saint Paul avec une épée.

Monogramme : ƃ.

Hauteur 51 cent. Largeur 31 cent. Cintré à la partie supérieure. Bois.

---

79. MAÎTRE INCONNU.

PORTRAIT D'UN VIEILLARD.

Des traits fortement accentués, une figure expressive, attirent l'attention sur ce vieillard, qui porte une toque dont les pans inférieurs sont rabattus vers les oreilles ; il est vêtu d'un pourpoint vert et d'un manteau.

Sa main droite tient une navette en or, chargée de fil. Est-ce l'inventeur de cet instrument de travail, ou simplement l'introducteur de l'industrie du tissage, comme autorise à le croire le millésime : *Anno* 1525.

Hauteur 42 cent. et demi. Largeur 33 cent. Bois.

---

80. MAÎTRE INCONNU.

PORTRAIT D'HOMME.

L'artiste a fait le portrait bien caractérisé d'un homme de guerre, portant une cuirasse du seizième siècle, du temps du duc d'Albe, sur laquelle est jetée en sautoir une écharpe de couleur verte.

Hauteur 34 cent. et demi. Largeur 25 cent. Bois.

---

81. INCONNU.

PORTRAIT.

Portrait de femme habillée d'une robe bleue.

Hauteur 7 1/2 cent. Largeur 5 1/2 cent. Cuivre, ovale.

---

82. ÉCOLE FRANÇAISE.

PORTRAIT.

Portrait d'un jeune homme en costume de page, une moustache naissante orne sa lèvre.

Hauteur 11 cent. Largeur 8 cent. Cuivre, ovale.

---

83. MAERTENS.

PORTRAIT.

Portrait d'un personnage de distinction.

Hauteur 9 cent. Largeur 6 1/2 cent. Cuivre.

---

84. ECOLE ALLEMANDE.

PORTRAITS.

Portrait d'homme et portrait de femme, formant pendants.

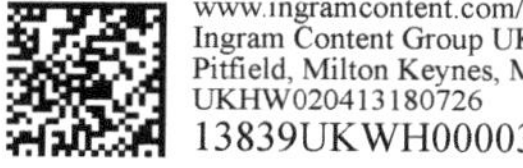

www.ingramcontent.com/pod-product-compliance
Ingram Content Group UK Ltd.
Pitfield, Milton Keynes, MK11 3LW, UK
UKHW020413180726
13839UKWH00003B/1309